Wie man denkt, so ist man

(As a Man Thinketh)

Von

James Allen

Wie man denkt, so ist man

(As a Man Thinketh)

Von

James Allen

Der Geist ist die höchste Kraft, die formt und webt,
Und der Mensch ist Geist, und immerfort nimmt er
Das Werkzeug des Denkens, und bringt,
Gestaltend, was er will,
Tausend Freuden, tausend Übel hervor: —
Er denkt insgeheim und siehe da:
Seine Umgebung ist nur sein Spiegel.

Impressum:

© 2. Auflage 2020 Maria Weber (Übers.)

Herstellung und Verlag: BoD – Books on Demand, Norderstedt.

ISBN: 978-3-74817-283-3

Inhalt.

Vorwort.

Dieser kleine Band (das Ergebnis von Meditation und Erfahrung) ist nicht als erschöpfende Abhandlung über das vielgeschriebene Thema der Kraft des Denkens gedacht. Er ist eher suggestiv als erklärend und hat zum Ziel, Männer und Frauen zur Entdeckung und Wahrnehmung folgender Wahrheit anzuregen:

„Sie sind ihres eigenen Glückes Schmied" aufgrund der Gedanken, die sie wählen und fördern. Dieser Geist ist der Webermeister sowohl des inneren Gewandes des Charakters als auch des äußeren Gewandes der Umstände, und sofern sie sich bisher in Unwissenheit und Leid gehüllt haben, mögen sie sich jetzt in Erleuchtung und Glückseligkeit hüllen.

JAMES ALLEN.
Broad Park Avenue,
Ilfracombe, England

1.

Gedanke und Charakter.

Der Ausspruch „Wie man im Herzen denkt, so ist man", beschreibt nicht nur das ganze Wesen eines Menschen, sondern ist so umfassend, daß er alle Bedingungen und Umstände seines Lebens mit einschließt. Ein Mensch ist buchstäblich das, *was er denkt*, sein Charakter ist die vollständige Summe aller seiner Gedanken.

So wie die Pflanze aus dem Samen entspringt und ohne ihn nicht existieren könnte, so entspringt jede Handlung eines Menschen der verborgenen Saat des Denkens und könnte nicht ohne sie geschehen sein. Dies gilt gleichermaßen für die als „spontan" und „ohne Vorsatz" bezeichneten Handlungen, als für solche, die bewußt ausgeführt werden. Die Handlung ist die Blüte des Denkens, und die Freude und die Leiden sind seine Früchte – so erntet man die süße und die bittere Frucht seiner eigenen Aussaat.

> *„Das Denken hat uns zu dem gemacht,*
> *Was wir durch Gedanken wurden.*
> *Wenn einer böse Gedanken hat,*
> *Kommt Leid über ihn,*
> *So sicher, wie das Wagenrad dem Zugochsen folgt.*
> *Behält man hingegen eine Reinheit des Denkens bei,*
> *So folgt einem gewißlich Freude auf dem Fuße."*

Der Mensch ist ein natürliches Gewächs und keine künstliche Schöpfung, und Ursache und Wirkung sind im verborgenen Bereich des Denkens ebenso absolut und unvermeidlich wie in der Welt der sichtbaren und materiellen Dinge. Ein edler und gottgefälliger Charakter ist weder eine Gunst noch ein Zufall, sondern das natürliche Ergebnis fortwährender Bemühungen im rechten Denken, die Wirkung einer langgehegten Hinwendung zu gottgefälligen Gedanken. Ein unedler und viehischer Charakter ist demgemäß das Ergebnis des fortwährenden Hegens niederer Gedanken.

Der Mensch wird von sich selbst gemacht oder zunichte gemacht; in der Waffenkammer des Denkens schmiedet er die Waffen, mit denen er sich selbst zerstört; er gestaltet auch die Werkzeuge, mit denen er sich himmlische Paläste der Freude, der Kraft und des Friedens baut. Durch die rechte Wahl und die richtige Anwendung des Denkens steigt der Mensch zur göttlichen Vollkommenheit auf; durch Mißbrauch und falsche Anwendung des Denkens sinkt er unter den Rang eines Tieres herab. Zwischen diesen beiden Extremen liegen alle Grade des Charakters, und der Mensch ist ihr Schöpfer und Meister.

Von all den schönen Wahrheiten über die Seele, die in diesen Zeiten wieder ans Licht gebracht wurden, ist keine erfreulicher oder fruchtbarer für die göttliche Verheißung und Zuversicht als jene – daß der Mensch der Meister seiner Gedanken, der Gestalter seines Charakters und der Schöpfer und Gestalter seines Zustands, seiner Umgebung und seines Schicksals ist.

Als Wesen von Macht, Intelligenz und Liebe und als Herr seiner eigenen Gedanken besitzt der Mensch den Schlüssel zu jeder Situation und trägt in sich jene Fähigkeit, sich zu verändern und zu erneuern, wodurch er in der Lage ist, das zu tun, was er will.

Der Mensch ist immer der Meister, selbst in einem geschwächten und zutiefst verlassenen Zustand; aber in seiner Schwäche und Erniedrigung ist er der törichte Meister, der Mißwirtschaft in seinem „Haushalt" betreibt. Wenn er beginnt, über seinen Zustand nachzudenken und fleißig nach dem Gesetz zu suchen, auf das sein Wesen gegründet ist, wird er zum weisen Meister, lenkt seine Energien weise und widmet seine Gedanken fruchtbaren Dingen. Solcherart ist der *bewußte* Meister, und der Mensch kann nur ein solcher werden, indem er die Gesetze des Denkens *in sich selbst* entdeckt; welche Entdeckung ausschließlich auf Übung, Selbstanalyse und Erfahrung beruht.

Nur durch langes Suchen und Abbauen werden Gold und Diamanten gewonnen, und der Mensch kann jede mit seinem Wesen verbundene Wahrheit finden, wenn er tief in die Mine seiner Seele graben wird. Und daß er der Schöpfer seines Charakters ist, der Former seines Lebens und der Erbauer seines

Schicksals, kann er unfehlbar beweisen, wenn er seine Gedanken beobachten, kontrollieren und verändern und ihre Auswirkungen auf sich selbst, auf andere und auf sein eigenes Leben und seine Lebensumstände zurückführen wird; und indem er den Zusammenhang zwischen Ursache und Wirkung herausfindet durch geduldiges Üben und Erforschen und die Verarbeitung aller seiner Erfahrungen, auch der banalsten, alltäglichen Vorkommnisse, wird er jenes Wissen über sich selbst erlangen, das Verstehen, Weisheit und Macht bewirkt. Wie in keiner anderen Richtung ist das Gesetz in dieser Richtung absolut: „Wer suchet, der findet; und wer anklopft, dem wird aufgetan werden". denn nur durch Geduld, Übung und unaufhörliche Beharrlichkeit kann ein Mensch in den Tempel des Wissens eintreten.

2.

Wirkung des Denkens auf die Lebensumstände.

Der Geist des Menschen kann mit einem Garten verglichen werden, der durchdacht kultiviert oder sich selbst überlassen werden kann; aber ob er nun kultiviert oder vernachlässigt wird, muß und wird er etwas *hervorbringen*. Wenn kein nützliches Saatgut ausgesät wird, wird eine Fülle von nutzlosen Unkrautsamen dort *hineinfallen* und sich unablässig fortpflanzen.

So wie ein Gärtner sein Grundstück kultiviert, es frei von Unkraut hält und die Blumen und Früchte anbaut, die er braucht, so kann ein Mensch den Garten seines Geistes pflegen und alle falschen, nutzlosen und unreinen Gedanken herausjäten und die Blumen und Früchte der richtigen, nützlichen und reinen Gedanken bis zur Perfektion kultivieren. Ein Mensch entdeckt auf diesem Wege früher oder später, daß er der Gärtner seiner Seele ist, der Lenker seines Lebens. Er offenbart in sich die Gesetze des Denkens und versteht mit zunehmender Genauigkeit, wie die Kräfte seines Denkens und die Grundlagen seines Verstandes auf die Formung seines Charakters und die Gestaltung seiner Lebensumstände und seines Schicksals einwirken.

Das Denken und der Charakter sind eins, und da der Charakter sich nur durch die Umgebung und die Umstände manifestieren und enthüllen kann, werden die äußeren Bedingungen des Lebens einer Person immer in einem harmonischen Zusammenhang mit seinem inneren Zustand stehen. Dies bedeutet nicht, daß die Lebensumstände eines Menschen zu jeder Zeit ein Hinweis auf seinen *gesamten* Charakter sind, sondern daß diese Lebensumstände so eng mit einem grundlegenden Gedankenelement in ihm selbst verbunden sind, daß sie untrennbar mit seiner Entwicklung verbunden sind.

Jeder Mensch ist nach dem Gesetz seines Seins dort, wo er ist. Die Gedanken, die er in seinen Charakter eingebettet hat, haben ihn dorthin gebracht, und in der Anordnung seines Lebens gibt es keinen Zufall, sondern alles ist das Ergebnis eines Gesetzes, das nicht irren kann. Dies gilt gleichermaßen für diejenigen, die sich „nicht im Einklang" mit ihrer Umgebung fühlen, als für diejenigen, die mit ihr zufrieden sind.

Als ein fortschrittliches und sich entwickelndes Wesen ist der Mensch dort, wo er ist, um zu lernen, wie er wachsen kann; und indem er die geistige Lektion lernt, die jeder Lebensumstand für ihn bereithält, vergeht dieser und weicht anderen Umständen.

Der Mensch wird durch Lebensumstände hin und her gestoßen, solange er sich für die Schöpfung äußerer Umstände hält; wenn er aber erkennt, daß er selbst eine schöpferische Kraft und Herr über den verborgenen Boden und die Saat seines Wesens ist, aus denen die Umstände erwachsen, dann wird er der rechtmäßige Herrscher über sich selbst werden. Diese Umstände erwachsen aus den Gedanken, die jeder Mensch kennt, der sich seit einer gewissen Zeit in Selbstbeherrschung und Selbstreinigung übt, denn er wird bemerkt haben, daß jede Veränderung seiner Lebensumstände in einem exakten Verhältnis zu seinem veränderten geistigen Zustand stand. Dies ist so gewiß, daß, wenn ein Mensch sich ernsthaft der Beseitigung der Mängel in seinem Charakter widmet und schnelle und markante Fortschritte macht, er schnell eine Reihe von Wechselfällen durchlaufen wird.

Die Seele zieht das an, was sie heimlich beherbergt; das, was sie liebt, und auch das, was sie fürchtet; sie erreicht die Höhe ihrer lang gehegten Bestrebungen; sie fällt auf die Ebene ihrer unbefriedigten Wünsche herab, – und die Lebensumstände sind die Mittel, durch welche die Seele das Ihre erhält.

Jeder Gedankensamen, der gesät oder dem in den Verstand zu fallen erlaubt wird und der dort Wurzeln schlagen kann, vermehrt sich, erblüht früher oder später und trägt seine eigene Frucht in Form von Gelegenheiten und Umständen. Gute Gedanken bringen gute Früchte, schlechte Gedanken bringen schlechte Früchte.

Die äußere Welt der Umstände wird von der inneren Welt des Denkens geschaffen, und sowohl angenehme als auch unangenehme äußere Bedingungen sind Faktoren, die letztlich das Wohl des Einzelnen bewirken. Als Schnitter seiner eigenen Ernte lernt der Mensch sowohl durch Leiden als durch Segen.

Indem er den innersten Wünschen, Bestrebungen und Gedanken folgt, durch die er sich beherrschen läßt (den Irrlichtern unreiner Vorstellungen folgend oder standhaft den Weg starker und hoher Bestrebungen gehend), gelangt ein Mensch schließlich in den äußeren Bedingungen seines Lebens zu ihrer Verwirklichung und Erfüllung. Die Gesetze des Wachstums und der Anpassung gelten überall.

Kein Mensch kommt durch die Tyrannei des Schicksals oder der Umstände ins Armenhaus oder Gefängnis, sondern nur durch seine niederen Gedanken und Bedürfnisse. Ein rein denkender Mensch gerät auch nicht plötzlich unter der Belastung eines bloßen äußeren Druckes in die Kriminalität. Der kriminelle Gedanke war in seinem Herzen schon lange heimlich genährt worden, und die Gelegenheit enthüllte seine geballte Macht. Der Umstand macht nicht den Menschen, er zeigt ihn nur, wie er wirklich ist. Solche Umstände können nur existieren, wenn man in das Laster und die damit verbundenen Leiden abseits von verderbten Neigungen absteigt oder indem man in die Tugendhaftigkeit und Glückseligkeit aufsteigt, ohne fortwährend die tugendhaften Bestrebungen zu kultivieren; und deshalb ist der Mensch als Herr und Meister des Denkens der Schöpfer seiner Selbst und der Former und Urheber seiner Umwelt. Schon bei der Geburt kommt die Seele von allein zum Vorschein und zieht auf jedem Schritt ihrer irdischen Pilgerfahrt jene Kombinationen von Bedingungen an, die sich selbst offenbaren, und welche die Reflexionen ihrer eigenen Reinheit und Unreinheit, ihrer Stärke und Schwäche sind.

Die Menschen ziehen nicht das an, was sie *wollen*, sondern das, was sie *sind*. Ihre Launen, Phantasien und Träume werden bei jedem Schritt vereitelt, aber ihre innersten Gedanken und Wünsche werden mit ihrer eigenen Nahrung gespeist, sei sie verdorben oder rein. Die „Gottheit, die unsere Zwecke formt" (Hamlet 5,2) ist in uns selbst; es ist unser innerstes Selbst. Der Mensch selbst legt sich Fesseln an: Denken und Handeln sind die Gefolgsleute des Schicksals – sie halten gefangen, wo sie niedrig sind; sie sind aber auch die Engel der Freiheit – sie befreien, wo sie edel sind. Ein Mensch bekommt nicht das, was er sich wünscht und worum er betet, sondern das, was er zu Recht verdient. Seine Wünsche und Gebete werden nur dann befriedigt und beantwortet, wenn sie mit seinen Gedanken und Taten harmonieren.

Was bedeutet im Lichte dieser Wahrheit das „Ankämpfen gegen die Umstände"? Es bedeutet, daß ein Mensch ständig gegen eine *Wirkung* rebelliert, während er die ganze Zeit ihre *Ursache* in seinem Herzen nährt und bewahrt. Diese Ursache mag die Form eines bewußten Lasters oder einer unbewußten Schwäche besitzen, aber wie auch immer sie aussieht, so hemmt sie hartnäckig die Bemühungen ihres Besitzers und ruft daher laut um Abhilfe.

Die Menschen sind bestrebt, ihre Lebensumstände zu verbessern, wollen sich aber nicht selbst bessern; darum bleiben sie gefesselt. Der Mensch, der vor Selbstkritik nicht zurückschreckt, kann stets das Ziel erreichen, das er sich im Herzen wünscht. Dies gilt gleichermaßen für irdische wie für himmlische Dinge. Selbst der Mensch, dessen einziges Ziel ist, Reichtum zu erwerben, muß bereit sein, große persönliche Opfer zu bringen, bevor er sein Ziel erreichen kann; und wie viel mehr derjenige, der ein solides und ausgeglichenes Leben verwirklichen möchte?

Hier ist ein Mann, der bettelarm ist. Er ist äußerst darum besorgt, daß seine Umgebung und sein Wohnkomfort sich verbessern werden, und entzieht sich dennoch die ganze Zeit über seiner Arbeit, und ist der Ansicht, daß er berechtigt ist, seinen Arbeitgeber aufgrund seines unzureichenden Lohnes zu täuschen. Ein solcher Mann versteht nicht einmal ansatzweise jene Prinzipien, die die Grundlage wahren Wohlstands sind, und ist nicht nur völlig ungeeignet, sich aus seinem Elend zu erheben, sondern zieht tatsächlich ein noch tieferes Elend an, indem er sich darin aufhält und arbeitsscheue, trügerische und unmännliche Gedanken hegt.

Hier ist ein reicher Mann, der aufgrund von Völlerei unter einer schmerzhaften und anhaltenden Krankheit leidet. Er ist bereit, große Geldsummen zu opfern, um sie loszuwerden, will aber seine Maßlosigkeit nicht dafür aufgeben. Er möchte seinen Appetit auf üppige und unnatürliche Lebensmittel befriedigen und außerdem gesund sein. Ein solcher Mann ist völlig ungeeignet, gesund zu sein, weil er die Grundprinzipien eines gesunden Lebens noch nicht gelernt hat.

Hier ist ein Arbeitgeber, der zu unlauteren Maßnahmen greift, um die Zahlung des Mindestlohns zu vermeiden, und in der Hoffnung, größere Gewinne zu erzielen, die Löhne seiner Arbeiter senkt. Ein solcher Mann ist völlig ungeeignet, wohlhabend zu sein, und wenn sowohl sein Ruf als auch sein Wohlstand dahin sind, macht er äußere Umstände dafür verantwortlich, ohne zu erkennen, daß er der einzige Urheber seines Zustands ist.

Ich habe diese drei Fälle lediglich zur Veranschaulichung der Wahrheit angeführt, daß der Mensch (obwohl fast immer unbewußt) der Verursacher seiner Lebensumstände ist und daß er, obwohl er auf ein gutes Ziel abzielt, das Erreichen desselben ständig durch Gedanken und Wünsche vereitelt, die unmöglich mit diesem Ziel in Einklang stehen können. Solche Fälle können nahezu unbegrenzt dargebracht und variiert werden, aber dies ist nicht notwendig, da der Leser, wenn er dies beschließt, die Wirkung der Gesetze des Denkens in seinem eigenen Verstand und in seinem eigenen Leben nachvollziehen kann, und bis er dies getan hat, können bloße äußere Tatsachen nicht als Argumentationsgrund dienen.

Die Umstände sind jedoch so kompliziert, das Denken ist so tief verwurzelt und die Bedingungen des Glücks variieren bei den Individuen so sehr, daß der gesamte Seelenzustand eines Menschen (obwohl er ihm selbst bekannt sein kann) von einem anderen nicht allein von einem äußeren Aspekt seines Lebens beurteilt werden kann. Ein Mensch mag in bestimmten Bereichen ehrlich sein, und dennoch unter Entbehrungen leiden; ein anderer mag in bestimmten Bereichen unehrlich sein, aber dennoch Reichtum erwerben. Aber die Schlußfolgerung, daß der eine *wegen seiner besonderen Ehrlichkeit arm ist* und der andere *aufgrund seiner besonderen Unehrlichkeit zu Reichtum gelangt*, ist das Ergebnis eines oberflächlichen Urteils, das davon ausgeht, daß der unehrliche Mensch ziemlich verderbt und der ehrliche Mensch ziemlich tugendhaft ist. Im Lichte eines tieferen Wissens und einer umfassenderen Erfahrung wird ein solches Urteil als fehlerhaft befunden. Der unehrliche Mensch kann einige bewundernswerte Tugenden haben, die der andere nicht besitzt; und der ehrliche Mensch widerwärtige Laster, die dem anderen fehlen. Der ehrliche Mensch erntet die guten Ergebnisse seiner ehrlichen Gedanken und Handlungen; er zieht sich auch die Leiden zu, die seine Laster hervorbringen. Der unehrliche Mensch sammelt ebenfalls sein eigenes Leid und Glück.

Es schmeichelt der menschlichen Eitelkeit zu glauben, daß man leidet, weil man tugendhaft ist. Aber erst wenn ein Mensch jeden kranken, verbitterten und unreinen Gedanken aus seinem Kopf verbannt und jeden sündigen Fleck aus seiner Seele gewaschen hat, kann er in der Lage sein, zu erkennen und zu erklären, daß seine Leiden das Ergebnis seiner schlechten und nicht seiner guten Eigenschaften sind; und auf dem Weg zu dieser höchsten Vollkommenheit, noch lange bevor er sie erreicht hat, wird er in seinem Verstand und seinem Leben das Große Gesetz gefunden haben, das absolut gerecht ist und das daher nicht etwas Gutes für das Schlechte, und etwas Schlechtes für das Gute geben kann. Wenn er dieses Wissen verinnerlicht hat, wird er wissen, wenn er auf seine frühere Unwissenheit und Blindheit zurückblickt, daß sein Leben gerecht ist und immer war und daß all seine früheren guten und schlechten Erfahrungen die gerechten Folgen seines sich entwickelnden, noch unfertigen Selbst waren.

Gute Gedanken und Handlungen können niemals zu schlechten Ergebnissen führen; schlechte Gedanken und Handlungen können niemals zu guten Ergebnissen führen. Dies bedeutet nur, daß von Getreide nichts als Getreide kommen kann, von Unkraut nichts als Unkraut. Die Menschen verstehen dieses Gesetz in der natürlichen Welt und arbeiten mit ihm; aber nur wenige verstehen es in der geistigen und sittlichen Welt (obwohl ihre Arbeit dort genauso einfach und unumgänglich ist), und verhalten sich daher nicht demgemäß.

Leiden ist *stets* die Folge eines falschen Denkens in irgendeine Richtung. Es ist ein Hinweis darauf, daß der Einzelne nicht im Einklang mit sich selbst und mit der Ordnung seines Wesens ist. Der einzige und größte Nutzen des Leidens besteht darin, zu reinigen, alles Unnutzbare und Unreine auszumerzen. Das Leiden hört auf für den, der rein ist. Nichts vermag Gold zu verbrennen, nachdem die Schlacke entfernt worden ist, und ein vollkommen reines und erleuchtetes Wesen vermag nicht zu leiden.

Die Umstände, die bei einem Menschen Leiden bewirken, sind das Ergebnis seiner eigenen geistigen Disharmonie. Die Umstände, die bei einem Menschen Glückseligkeit bewirken, sind das Ergebnis seiner eigenen geistigen Harmonie. Glückseligkeit, nicht materieller Besitz, ist das Maß des richtigen Denkens; Elend, nicht Mangel an materiellen Besitztümern, ist das Maß des falschen Denkens. Ein Mensch kann verflucht und reich sein; er kann gesegnet und arm sein. Segen und Reichtümer werden nur dann miteinander verbunden, wenn die Reichtümer richtig und weise verwendet werden; und der arme Mensch sinkt nur noch tiefer ins Elend herab, wenn er sein Los als eine ihm zu Unrecht aufgebürdete Last betrachtet.

Bedürftigkeit und Ausschweifung sind die zwei Extreme des Elends. Sie sind beide gleichermaßen unnatürlich und die Folge einer psychischen Störung. Ein Mensch ist nicht richtig beschaffen, bis er ein glückliches, gesundes und wohlhabendes Wesen ist; und Glück, Gesundheit und Wohlstand sind das Ergebnis einer harmonischen Anpassung des Inneren an das Äußere, des Menschen an seine Umgebung.

Ein Mensch beginnt erst, ein Mensch zu sein, wenn er aufhört zu jammern und zu schimpfen, und anfängt, nach der verborgenen Gerechtigkeit zu suchen, die sein Leben lenkt. Und während er seinen Verstand an diesen lenkenden Faktor anpaßt, hört er auf, andere zu beschuldigen, für seinen Zustand verantwortlich zu sein, und baut sich mit starken und edlen Gedanken auf; und er hört auf, sich gegen die Umstände aufzulehnen, sondern beginnt sie als Hilfsmittel für seinen schnelleren Fortschritt zu *nutzen* und als Mittel, um die verborgenen Kräfte und Möglichkeiten in sich zu entdecken.

Gesetzmäßigkeit, nicht Verwirrung, ist das vorherrschende Prinzip im Universum; Gerechtigkeit, nicht Ungerechtigkeit ist die Seele und die Substanz des Lebens; und Reinheit, nicht Verderbtheit, ist die formende und treibende Kraft in der geistigen Regierung der Welt. Da dies der Fall ist, muß sich der Mensch nur selbst in Ordnung bringen, um festzustellen, daß das Universum in Ordnung ist; und während des Prozesses, sich selbst wieder in Ordnung zu bringen, wird er feststellen, daß, wenn er seine Gedanken zu den Dingen und anderen Menschen ändert, sich die Dinge und andere Menschen ihm gegenüber ändern werden.

Der Beweis für diese Wahrheit wohnt jedem Menschen inne, und daher läßt er sich leicht durch systematische Selbstbeobachtung und Selbstanalyse untersuchen. Man lasse einen Menschen seine Gedanken radikal ändern, und er wird staunen, wie schnell sich die materiellen Bedingungen seines Lebens verändern. Die Menschen glauben, daß sie ihre Gedanken geheim halten können, aber sie können es nicht; sie formen sich schnell zur Gewohnheit, und die Gewohnheit verfestigt sich zum Umstand. Niedere Gedanken formen sich zu Gewohnheiten wie Trunkenheit und Wollust, die sich zu Umständen der Armut und Krankheit verfestigen. Unreine Gedanken jeder Art formen sich zu niederen und widrigen Gewohnheiten, die sich zu niederen und widrigen Umständen verfestigen: Gedanken der Angst, Zweifel und Unentschlossenheit formen sich zu schwachen, unmännlichen und unschlüssigen Gewohnheiten, die sich zu Umständen des Versagens, der Bedürftigkeit und der sklavischen Abhängigkeit verfestigen. Faule Gedanken formen sich zu Gewohnheiten der Unreinheit und Unehrlichkeit, die sich zu Umständen der Unverschämtheit und Bettelei verfestigen: Haßerfüllte und verurteilende Gedanken formen sich zu Gewohnheiten der Anklage und Gewalt, die sich zu Umständen der Verletzung und Verfolgung verfestigen. Eigennützige Gedanken jeglicher Art formen sich zu Gewohnheiten der Selbstsucht, die sich zu mehr oder weniger belastenden Umständen verfestigen. Auf der anderen Seite formen sich schöne Gedanken aller Art zu Gewohnheiten der Güte und Freundlichkeit, die sich zu angenehmen und sonnigen Umständen verfestigen. Reine Gedanken formen sich zu Gewohnheiten der Mäßigkeit und Selbstbeherrschung, die sich zu Ruhe und Frieden verfestigen. Mutige Gedanken, Eigenverantwortlichkeit und Entscheidungskraft formen sich zu beherzten Gewohnheiten, die sich zu Umständen verfestigen, die von Erfolg, Fülle und Freiheit geprägt sind. Beschwingte Gedanken formen sich zu Gewohnheiten der Reinheit und der Geschäftigkeit, die sich zu angenehmen Umständen verfestigen. Sanfte und verzeihende Gedanken formen sich zu Gewohnheiten der Sanftmut, die sich zu schützenden und bewahrenden Umständen verfestigen. Liebevolle und selbstlose Gedanken formen sich zu Gewohnheiten der Selbstvergessenheit für andere, die sich zu sicheren und beständigen Lebensumständen und wahrem Reichtum verfestigen.

Ein bestimmter Gedankengang, egal ob gut oder schlecht, kann nicht versagen, seine Ergebnisse in Bezug auf den Charakter und die Lebensumstände hervorzubringen. Ein Mensch kann seine Lebensumstände nicht *direkt* wählen, aber er kann seine Gedanken wählen und sie auf diese Weise indirekt und doch unfehlbar gestalten.

Die Natur verhilft jedem Menschen zur Erfüllung der Gedanken, die er am meisten hegt, und es werden Möglichkeiten geboten, die sowohl die guten als auch die schlechten Gedanken rasch an die Oberfläche bringen.

Wenn ein Mensch von seinen schlechten Gedanken abläßt, wird die ganze Welt sich ihm gegenüber erweichen und bereit sein, ihm zu helfen. Wenn er seine schwachen und kranken Gedanken ablegt, werden sich ihm bei jeder Gelegenheit Möglichkeiten ergeben, um seine starken Entschlüsse zu unterstützen. Wenn er gute Gedanken hegt, wird ihn kein hartes Schicksal in Elend und Schande fesseln.

Die Welt ist dein Kaleidoskop, und die verschiedenen Farbkombinationen, die es dir ständig präsentiert, sind die perfekt angepaßten Bilder deiner sich ständig bewegenden Gedanken.

„So wirst du sein, was du sein willst;
Mag man den Mißerfolg fälschlicherweise
mit dem Begriff „Umstände" abtun,
Der Geist jedoch verachtet sie und ist frei.

„Er beherrscht die Zeit, er erobert den Raum;
Er schüchtert diesen prahlerischen Schwindler, Zufall, ein,
Und entthront den Tyrannen Umstand
Und verweist ihn auf den Platz eines Dieners.

„Der menschliche Wille, diese unsichtbare Kraft,
Der Abkömmling einer unsterblichen Seele,
Kann sich zu jedem Ziel einen Weg bahnen
Selbst durch Mauern aus Granit.

„Sei bei Verzögerungen nicht ungeduldig
Sondern warte als einer, der versteht:
Wenn der Geist sich erhebt und befiehlt
Sind die Götter bereit zu gehorchen."

3.

Wirkung des Denkens auf Gesundheit und Körper.

Der Körper ist der Diener des Geistes. Er gehorcht den Befehlen des Geistes, ob sie bewußt ausgewählt oder unbewußt geäußert werden. Bei der Äußerung widriger Gedanken versinkt der Körper schnell in Krankheit und Verfall; bei der Äußerung fröhlicher und schöner Gedanken kleidet er sich in jugendliche Frische und Schönheit.

Krankheit und Gesundheit sind wie die Umstände im Denken verwurzelt. Kranke Gedanken werden sich durch einen kranken Körper ausdrücken. Gedanken der Angst sind dafür bekannt, einen Mann so schnell wie eine Kugel zu töten, und sie töten ständig Tausende von Menschen ebenso sicher, wenn auch weniger schnell. Die Menschen, die in Angst vor Krankheiten leben, sind die Menschen, die sie bekommen. Die Angst entmutigt rasch den ganzen Körper und macht ihn für den Eintritt der Krankheit empfänglich; während unreine Gedanken, selbst wenn sie nicht körperlich ausgeführt werden, bald das Nervensystem zerstören werden.

Starke, reine und glückliche Gedanken bauen den Körper auf, so daß er Kraft und Anmut gewinnt. Der Körper ist ein empfindsames und formbares Instrument, das leicht auf die Gedanken anspricht, die auf ihn einwirken, und Denkgewohnheiten werden ihre eigenen guten oder schlechten Wirkungen auf ihn ausüben.

Menschen werden weiterhin unreines und vergiftetes Blut haben, solange sie unreine Gedanken hegen. Aus einem reinen Herzen resultieren ein reines Leben und ein reiner Körper. Aus einem verunreinigten Geist gehen ein verunreinigtes Leben und ein verunreinigter Körper hervor. Das Denken ist der Quell des Handelns, des Lebens und der äußeren Erscheinung; wenn du also den Brunnen reinigst, wird alles rein sein.

Eine Ernährungsumstellung hilft keinem Menschen, der sein Denken nicht ändert. Wenn ein Mensch seine Denkweise reinigt, verlangt es ihn nicht mehr nach unreiner Nahrung.

Saubere Gedanken bewirken saubere Gewohnheiten. Der sogenannte Heilige, der seinen Körper nicht wäscht, ist kein Heiliger. Wer sein Denken gestärkt und geläutert hat, braucht sich um die böswillige Mikrobe nicht zu sorgen.

Wenn du deinen Körper schützen willst, so achte auf deinen Geist. Wenn du deinen Körper neu beleben willst, verschönere deinen Geist. Gedanken der Bosheit, des Neids, der Enttäuschung und der Verzagtheit berauben den Körper seiner Gesundheit und Anmut. Ein verdrießliches Gesicht kommt nicht von ungefähr; es entsteht aus verdrossenen Gedanken.

Fältchen, die sich auf einem Gesicht zeigen, werden von Torheit, Leidenschaft und Stolz gezeichnet.

Ich kenne eine Frau von sechsundneunzig, die das frische, unschuldige Gesicht eines Mädchens hat. Ich kenne einen Mann, dessen Gesicht, obwohl er noch nicht einmal im mittleren Alter ist, in unharmonische Konturen verzogen ist. Das eine ist das Ergebnis einer freundlichen und positiven Veranlagung; das andere ist das Ergebnis von Groll und Unzufriedenheit.

Wie du nur einen angenehmen und gesunden Aufenthalt haben kannst, wenn du die Luft und den Sonnenschein ungehindert in deine Räume läßt, können ein starker Körper und ein frischer, fröhlicher oder gelassener Gesichtsausdruck nur daraus resultieren, daß heiteren, wohlwollenden und gelassenen Gedanken freier Zutritt in den Geist gewährt wird.

Auf den Gesichtern der Alten gibt es Falten, die durch Mitgefühl verursacht wurden, andere durch starkes und reines Denken, und wieder andere, die vom Zorn eingegraben wurden: Wie könnte man sie nicht unterscheiden? Bei denen, die rechtschaffen gelebt haben, ist das Alter ruhig, friedlich und sanft wie die untergehende Sonne. Ich habe kürzlich einen Philosophen auf seinem Sterbebett gesehen. Er war nur in Jahren alt. Er starb so sanft und friedlich, wie er gelebt hatte.

Kein Arzt ist so gut wie ein fröhlicher Gedanke, der die Krankheiten des Körpers zerstreut; kein Tröster ist mit dem guten Willen, die Schatten von Trauer und Sorge zu zerstreuen, zu vergleichen. Das beständige Kreisen der Gedanken um Groll, Zynismus, Mißtrauen und Neid verurteilt einen dazu, in einem selbstgemachten Gefängnis zu leben. Von allen gut zu denken hingegen, allen gut gelaunt zu begegnen, geduldig zu lernen, das Gute in jedem zu finden – solche selbstlosen Gedanken sind die Portale zum Himmelreich; und wenn man jeden Tag Gedanken des Friedens gegenüber anderen hegt, wird dies einem selbst reichlich Frieden bringen.

4.

Denken und Ziel.

Solange das Denken nicht mit einem Ziel verbunden ist, gibt es keine vernünftige Aussicht auf Erfolg. Die Meisten lassen die Gedankenbarke auf dem Ozean des Lebens treiben. Ziellosigkeit ist ein Laster, und einer solchen Versuchung, sich treiben zu lassen, darf derjenige, der sich von Katastrophen und Zerstörung fernhalten will, nicht nachgeben.

Diejenigen, die kein zentrales Ziel in ihrem Leben haben, fallen leicht kleinen Sorgen, Ängsten, Problemen und Selbstmitleid zum Opfer, die allesamt Anzeichen von Schwäche sind, welche ebenso sicher wie vorsätzlich geplante Sünden (wenn auch auf einem anderen Weg), zum Scheitern, zum Unglück und zum Verlust führen, denn Schwäche kann in einem sich entwickelnden Universum nicht bestehen.

Ein Mensch sollte sich in seinem Herzen ein legitimes Ziel vornehmen und sich aufmachen, dieses Ziel zu erreichen. Er sollte dieses Ziel zum zentralen Punkt seiner Gedanken machen. Es könnte die Form eines spirituellen Ideals annehmen oder es könnte auch ein weltliches Objekt sein, ganz wie es ihm zu diesem Zeitpunkt gefiele. Aber was auch immer es sei, er sollte die Kraft seiner Gedanken stetig auf den Gegenstand richten, den er sich zum Ziel gesetzt hat. Er sollte dieses Ziel zu seiner obersten Pflicht machen und sich der Erreichung dieses Ziels widmen, wobei er nicht zulassen darf, daß seine Gedanken in flüchtige Phantasien, Sehnsüchte und Vorstellungen abwandern. Dies ist der Königsweg zur Selbstkontrolle und zur wahren Konzentration des Denkens. Selbst wenn es ihm immer wieder nicht gelingt, sein Ziel zu erreichen (wie es notwendigerweise sein wird, bis er seine Schwäche überwunden hat), wird die erlangte *Charakterstärke* das Maß für *seinen wahren* Erfolg sein, und dies wird einen neuen Ausgangspunkt für zukünftige Stärke und Triumph bilden.

Diejenigen, die nicht bereit sind, ein *großes* Ziel anzupeilen, sollten ihre Gedanken auf die tadellose Erfüllung ihrer Pflicht lenken, egal wie unbedeutend ihre Aufgabe auch erscheinen mag. Nur auf diese Weise können die Gedanken gesammelt und fokussiert werden und Entschlossenheit und Energie entwickelt werden, und wenn dies getan ist, gibt es nichts mehr, das nicht vollbracht werden kann.

Die schwächste Seele, die sich ihrer eigenen Schwäche bewußt ist und an jene Wahrheit glaubt, daß ‚Stärke nur durch Anstrengung und Übung entwickelt werden kann‘, wird in diesem Glauben sofort beginnen, sich anzustrengen, indem sie Anstrengung, Geduld und Stärke zeigt, nie aufhört, sich zu entwickeln, und schließlich göttlich stark werden wird.

So wie der körperlich Schwache durch vorsichtige und geduldige Übungen an Stärke gewinnen kann,

kann der Mensch mit schwachen Gedanken diese stärken, indem er das richtige Denken übt.

Ziellosigkeit und Schwäche von sich zu weisen und mit dem zielgerichteten Denken zu beginnen, heißt, sich in die Reihen der Starken einzureihen, die den Mißerfolg nur als einen der Wege zur Erreichung ihrer Ziele erkennen; die alle Umstände zu ihren Gunsten nutzen, und die im Denken stark, im Versuch furchtlos und in der Erreichung ihrer Ziele meisterhaft sind.

Nachdem man einmal ein Ziel gefaßt hat, sollte man gedanklich einen *geraden* Weg zu seiner Erreichung einschlagen und weder nach rechts noch nach links blicken.

Zweifel und Ängste sollten streng ausgeschlossen werden; sie sind zersetzende Elemente, die die gerade Linie der Bemühungen stören und sie krumm, wirkungslos und unbrauchbar machen.

Gedanken des Zweifels und der Angst haben nie etwas erreicht und können es auch nie. Sie führen stets zum Scheitern. Das Fassen eines Ziels, die Kraft und Energie, es zu erreichen und alle starken Gedanken versagen, wenn Zweifel und Angst sich einschleichen.

Der Wille zum Handeln entspringt dem Wissen, daß wir handeln *können*. Zweifel und Angst sind die großen Feinde des Wissens, und wer sie ermutigt anstatt sie auszumerzen, steht sich bei jedem Schritt selbst in der Quere.

Wer Zweifel und Angst besiegt hat, hat den Mißerfolg besiegt. Jeder seiner Gedanken ist mit Macht verbunden, und er begegnet allen Schwierigkeiten mutig und überwindet sie weise. Seine Ziele sind rechtzeitig gepflanzt und sie erblühen und bringen Früchte hervor, die nicht vorzeitig zu Boden fallen.

Der unerschrockene zielgerichtete Gedanke wird zur schöpferischen Kraft: Wer dies *weiß*, ist bereit, etwas Höheres und Stärkeres zu werden als ein bloßes Bündel taumelnder Gedanken und schwankender Empfindungen; wer dies *tut*, ist zum bewußten und intelligenten Ausüber seiner mentalen Kräfte geworden.

5.

Der Faktor des Denkens
beim Erreichen der Ziele.

Alles, was ein Mensch erreicht und was er nicht erreicht, ist das direkte Ergebnis seiner eigenen Gedanken. In einem geregelten Universum, in dem der Verlust des Gleichgewichts totale Zerstörung bedeuten würde, muß die individuelle Verantwortung absolut sein. Die Schwäche und Stärke eines Menschen, seine Reinheit und Unreinheit sind seine eigenen und nicht die eines anderen. Sie werden von ihm selbst herbeigeführt und nicht von einem anderen, und sie können auch nur von ihm selbst verändert werden, und niemals von einem anderen. Sein Zustand ist ebenfalls sein eigener und nicht der eines anderen Menschen. Sein Leiden und sein Glück entwickeln sich von innen. Wie er denkt, so ist er; wie er weiterhin denkt, so bleibt er.

Ein starker Mensch kann einem Schwächeren nicht helfen, es sei denn, dieser Schwächere *will*, daß ihm geholfen wird, und selbst dann muß der Schwächere aus sich selbst heraus stark werden; er muß aus eigener Kraft die Stärke entwickeln, die er in einem anderen bewundert. Niemand außer ihm selbst kann seinen Zustand ändern.

Es ist üblich, daß Menschen denken und sagen: „Viele Menschen sind Sklaven, weil einer ein

Unterdrücker ist; laßt uns den Unterdrücker hassen."
Nun gibt es jedoch unter einigen immer mehr die
Tendenz, dieses Urteil umzukehren und zu sagen:
„Ein Mensch ist ein Unterdrücker, weil viele Sklaven
sind; laßt uns die Sklaven verachten."

Die Wahrheit ist, daß Unterdrücker und Sklave
unbewußt zusammenarbeiten und, während sie sich
scheinbar gegenseitig belasten, sich in Wirklichkeit
selbst schaden. Ein vollkommenes Wissen nimmt die
Wirkung der Gesetzmäßigkeit in der Schwäche der
Unterdrückten und der falsch ausgeübten Macht des
Unterdrückers wahr; eine vollkommene Liebe, die
das Leiden sieht, das beide Zustände mit sich
bringen, verurteilt keinen der beiden; ein vollkommenes Mitgefühl umfaßt sowohl Unterdrücker als
auch Unterdrückte.

Wer die Schwäche besiegt und alle selbstsüchtigen
Gedanken beiseite gelegt hat, gehört weder zu den
Unterdrückern noch zu den Unterdrückten. Er ist
frei.

Ein Mensch kann, indem er seine Gedanken
erhebt, nur aufsteigen, gewinnen und seine Ziele
erreichen. Er kann, indem er sich weigert, seine
Gedanken zu erheben, nur schwach und kläglich und
elend bleiben.

Bevor ein Mensch auch in weltlichen Dingen etwas
erreichen kann, muß er seine Gedanken über die
sklavische viehische Erduldung erheben. Um Erfolg
zu haben, muß er nicht um jeden Preis alles

Viehische und jegliche Selbstsucht aufgeben; aber zumindest ein Teil davon muß geopfert werden. Ein Mensch, dessen erster Gedanke viehische Erduldung ist, könnte weder klar denken noch methodisch planen; er könnte seine schlummernden Ressourcen nicht finden und entwickeln und würde bei jeder Unternehmung scheitern. Da er es nicht vermag, seine Gedanken mannhaft zu kontrollieren, ist er nicht in der Lage, seine Angelegenheiten zu kontrollieren und ernsthaft Verantwortung zu übernehmen. Er ist nicht in der Lage, unabhängig zu handeln und allein seinen Mann zu stehen. Aber er ist nur durch die Gedanken begrenzt, für welche er sich entscheidet.

Es kann keinen Fortschritt und keine Errungenschaft ohne Opfer geben, und der weltliche Erfolg eines Menschen wird in dem Maße bestehen, in dem er seine verwirrten viehischen Gedanken opfert und sich auf die Entwicklung seiner Pläne und die Stärkung seiner Entschlossenheit und seines Selbstvertrauens konzentriert. Und je höher er seine Gedanken hebt, desto beherzter, aufrechter und rechtschaffener wird er, desto größer wird sein Erfolg sein, desto gesegneter und dauerhafter werden seine Leistungen sein.

Das Universum bevorzugt nicht die Gierigen, die Unehrlichen und die Lasterhaften, auch wenn es oberflächlich betrachtet bisweilen so scheint; es hilft den Ehrlichen, den Großmütigen und den Tugendhaften. Alle großen Lehrer der vergangenen Zeitalter haben dies auf verschiedene Weise erklärt, und um dies zu beweisen und es zu erfahren, muß ein Mensch sich nur darauf konzentrieren, sich selbst immer tugendhafter zu machen, indem er seine Gedanken erhebt.

Intellektuelle Erfolge sind das Ergebnis von Gedanken, die der Suche nach Wissen oder nach dem Schönen und Wahren im Leben und in der Natur gewidmet sind. Solche Erfolge können manchmal mit Eitelkeit und Ehrgeiz verbunden sein, sie sind jedoch nicht das Ergebnis dieser Eigenschaften; sie sind die natürliche Folge langer und eifriger Bemühungen sowie reiner und selbstloser Gedanken.

Spirituelle Errungenschaften sind das Ergebnis frommer Bestrebungen. Wer ständig in der Vorstellung edler und erhabener Gedanken lebt, wer rein und selbstlos ist, wird so sicher, wie die Sonne ihren Zenit erreicht und der Mond voll wird, einen weisen und edlen Charakter erhalten und sich in eine einflußreiche und gesegnete Position erheben.

Erfolg, gleich welcher Art, ist die Krone der Anstrengung, das Diadem des Denkens. Mit Hilfe von Selbstbeherrschung, Entschlossenheit, Reinheit, Rechtschaffenheit und wohlgelenktem Denken steigt ein Mensch auf; mit Hilfe von Triebhaftigkeit, Trägheit, Unreinheit, Verderbnis und Verwirrung des Denkens steigt ein Mensch ab.

Ein Mensch kann in der Welt zu einem hohen Erfolg und sogar zu enormen Höhen im geistigen Bereich aufsteigen und wieder in Schwäche und Elend hinabsteigen, indem er arroganten, selbstsüchtigen und verderbten Gedanken erlaubt, sich seiner zu bemächtigen.

Durch rechtes Denken errungene Siege können nur durch Wachsamkeit aufrechterhalten werden. Viele lassen in ihren Bemühungen nach, wenn sie Erfolg haben, und scheitern schon bald.

Alle Errungenschaften, ob in der geschäftlichen, intellektuellen oder spirituellen Welt, sind das Ergebnis eines eindeutig gerichteten Denkens, unterliegen demselben Gesetz und sind von derselben Methode; der einzige Unterschied besteht im *Gegenstand der Errungenschaft.*

Wer wenig erreichen will, muß wenig opfern; wer viel erreichen will, muß viel opfern; wer herausragend sein möchte, muß überaus viel opfern.

6.

Visionen und Ideale.

Die Träumer sind die Retter der Welt. So wie die sichtbare Welt durch das Unsichtbare aufrechterhalten wird, werden die Menschen durch all ihre Prüfungen und Sünden und üblen Geschicke von den schönen Visionen ihrer einsamen Träumer genährt. Die Menschheit kann ihre Träumer nicht vergessen; sie kann nicht zulassen, daß ihre Ideale verblassen und sterben; sie wohnen ihnen inne; sie kennen sie als *Realitäten*, die sie eines Tages sehen und kennenlernen werden.

Komponisten, Bildhauer, Maler, Dichter, Propheten, Weise, dies sind die Schöpfer der Nachwelt, die Architekten des Himmels. Die Welt ist schön, weil sie gelebt haben; ohne sie würde die arbeitende Menschheit zugrunde gehen.

Wer eine schöne Vision, ein hohes Ideal in seinem Herzen trägt, wird dieses eines Tages realisieren. Kolumbus hatte eine Vision von einer anderen Welt und entdeckte sie; Kopernikus hatte die Vision einer Vielzahl von Welten und eines größeren Universums, und er bewies sie; Buddha hatte die Vision einer spirituellen Welt von makelloser Schönheit und vollkommenem Frieden und trat in diese ein.

Schätze deine Visionen; schätze deine Ideale; schätze die Musik, die sich in deinem Herzen rührt, die Schönheit, die sich in deinem Geist bildet, die Schönheit, die deine reinsten Gedanken umgibt, denn aus ihnen werden die reizvollsten Bedingungen, die himmlischsten Umgebungen wachsen; aus diesen wird, wenn du dir treu bleibst, schließlich deine Welt gebaut werden.

Etwas zu wünschen bedeutet es zu erlangen; ein Ziel anzustreben heißt es zu erreichen. Sollen die niedrigsten Wünsche eines Menschen das vollste Maß an Befriedigung erhalten, und seine reinsten Bestrebungen aus Mangel an Nahrung hungern? Solcherart ist das Gesetz nicht: Eine solche Konstellation kann niemals erreicht werden: „Bitte um etwas und du wirst es empfangen".

Träume erhabene Träume und wie du träumst, so wirst du auch werden. Deine Vision ist das Versprechen dessen, was du eines Tages sein wirst. Dein Ideal ist die Prophezeiung dessen, was du schließlich erreichen sollst.

Die größte Errungenschaft war zunächst ein Traum. Die Eiche schläft in der Eichel; der Vogel wartet im Ei; und in der höchsten Vision der Seele rührt sich ein erwachender Engel. Träume sind die Keime der Wirklichkeit.

Deine Umstände mögen unangenehm sein, aber sie werden nicht lange so bleiben, wenn du dir nur ein Ideal vornimmst und danach strebst, es zu erreichen. Du kannst nicht *innerlich* reisen und *äußerlich* stillstehen. Hier ist ein von Armut und Arbeit gebeutelter Jugendlicher; lange Stunden in einer ungesunden Werkstatt eingesperrt; ungebildet und bar aller Raffinessen. Aber er träumt von besseren Dingen; er denkt an Bildung, an Kultivierung, an Anmut und Schönheit. Er stellt sich gedanklich eine ideale Lebensbedingung vor; die Vision einer größeren Freiheit und eines größeren Entfaltungsspielraums packt ihn; die Unruhe drängt ihn zum Handeln, und er nutzt all seine Freizeit und Mittel, so gering sie auch sind, für die Entwicklung seiner schlummernden Kräfte und Ressourcen. Sehr bald ist sein Geist so verändert, daß die Werkstatt ihn nicht mehr halten kann. Sie ist seiner Mentalität so zuwider geworden, daß er aus ihr heraustritt, wie ein Kleidungsstück abgestreift wird, und mit den wachsenden Möglichkeiten, die sich zugleich mit seinen wachsenden Kräften herausstellen, kehrt er ihr ganz den Rücken. Jahre später sehen wir diesen Jugendlichen als erwachsenen Mann. Wir finden ihn als Meister bestimmter Geisteskräfte, die er mit weltweitem Einfluß und nahezu unerreichter Kraft ausübt. In seinen Händen hält er die Schnüre enormer Verantwortung; er spricht, und siehe, es verändern sich Leben; Männer und Frauen hängen an seinen Lippen und ändern ihre Persönlichkeiten, und so wird er wie die Sonne zum festen und leuchtenden Mittelpunkt, um den sich unzählige Schicksale drehen. Er hat die Vision seiner Jugend verwirklicht. Er ist eins mit seinem Ideal geworden.

Und auch du, junger Leser, wirst die Vision (nicht den müßigen Wunsch) deines Herzens verwirklichen, ob sie einfach oder schön sei, oder eine Mischung aus beiden, denn du wirst immer zu dem hingezogen werden, was du heimlich am meisten liebst. In deine Hände werden die genauen Ergebnisse deiner eigenen Gedanken gelegt; du wirst das bekommen, was du verdienst; nicht mehr und nicht weniger. Wie auch immer deine gegenwärtigen Umstände sein mögen, du wirst mit deinen Gedanken, deiner Vision und deinem Ideal von dort absteigen, verbleiben oder aufsteigen. Du wirst so klein sein wie dein kontrollierendes Bedürfnis, so groß wie dein antreibendes Streben. In den schönen Worten von Stanton Kirkham Davis: „Du kannst Buch darüber führen, und dann wirst du durch die Tür hinausgehen, die dir so lange als die Barriere deiner Ideale erschienen ist, und dich vor einem Publikum finden – den Stift noch hinter deinem Ohr, die Tinte deine Finger befleckend – und wirst an Ort und Stelle den Quell deiner Inspiration ausgießen. Vielleicht hütest du Schafe, und du wirst bäurisch und mit offenen Mund in die Stadt wandern; oder du wirst unter der unerschrockenen Führung des Geistes in das Atelier des Meisters wandern, und nach einer Weile wird er sagen: ‚Ich habe dich nichts mehr zu lehren.' Und dann bist du der Meister geworden, der kürzlich von großen Dingen träumte, während er Schafe hütete.

Du wirst die Säge und den Hobel niederlegen, um die Erneuerung der Welt auf dich zu nehmen."

Die Gedankenlosen, Unwissenden und Unnachgiebigen, die nur die offensichtlichen Auswirkungen der Dinge sehen und nicht die Dinge selbst, sprechen von Glück, gutem Geschick und Zufall. Wenn sie jemanden reich werden sehen, sagen sie: „Wie viel Glück er hat!" Sie beobachten, wie ein anderer gebildet wird, und sie rufen aus: „Wie überaus begünstigt er ist!" Sie bemerken den frommen Charakter und den großen Einfluß eines anderen und sagen: „Wie ihm bei jeder Gelegenheit der Zufall zu Hilfe kommt!" Sie sehen nicht die Herausforderungen und Mißerfolge und Kämpfe, denen sich diese Menschen freiwillig gestellt haben, um ihre Erfahrungen zu sammeln; haben keine Kenntnis von den Opfern, die sie gebracht haben, von den unermüdlichen Bemühungen, die sie leisten, vom Glauben, den sie gelebt haben, um das scheinbar Unüberwindbare zu überwinden und die Vision ihres Herzens zu verwirklichen. Sie wissen nichts von der Dunkelheit und dem Herzweh; sie sehen nur das Licht und die Freude und nennen es „Glück". Sie sehen die lange und beschwerliche Reise nicht, sondern nur das angenehme Ziel und nennen es „gutes Geschick", sie verstehen den Prozeß nicht, sondern nehmen nur das Ergebnis wahr und nennen es Zufall.

In allen menschlichen Angelegenheiten gibt es *Bemühungen*, und es gibt *Ergebnisse*, und das Ausmaß der Bemühung ist das Maß des Ergebnisses. Nicht der Zufall. Gaben, Kräfte, materieller, intellektueller und geistiger Besitz sind die Früchte der Bemühungen; es sind vollendete Gedanken, vollbrachte Projekte, verwirklichte Visionen.

Die Vision, die du in deinem Geist hegst, das Ideal, das du in deinem Herzen trägst – dies wird dein Leben aufbauen, dies wirst du werden.

7.

Gelassenheit.

Die Ruhe des Geistes ist eines der schönsten Juwelen der Weisheit. Sie ist das Ergebnis einer langen und geduldigen Übung der Selbstkontrolle. Ihre Anwesenheit ist ein Zeichen gereifter Erfahrung und eines mehr als gewöhnlichen Verständnisses der Gesetze und Vorgänge des Denkens.

Ein Mensch wird in dem Maße gelassen, in dem er sich selbst als ein im Denken geübtes Wesen versteht, denn dieses Wissen erfordert als Ergebnis des Denkens das Verständnis anderer, und wenn er ein rechtes Verständnis entwickelt und die Beziehungen der Dinge zueinander durch das Zusammenwirken von Ursache und Wirkung immer deutlicher sieht, hört er auf, sich zu ärgern, sich Sorgen zu machen und sich zu bekümmern, und bleibt ruhig, standhaft und gelassen.

Der ruhige Mensch, der gelernt hat, sich selbst zu beherrschen, weiß sich an andere anzupassen; und sie wiederum erkennen seine geistige Kraft an und fühlen, daß sie von ihm lernen und sich auf ihn verlassen können. Je ruhiger ein Mensch wird, desto größer ist sein Erfolg, sein Einfluß, seine Kraft zum Guten. Selbst der gewöhnliche Händler wird feststellen, daß sein geschäftlicher Wohlstand zunimmt, sobald er eine größere Selbstkontrolle und

Gleichmut entwickelt, denn die Menschen werden es immer vorziehen, mit jemandem zu sprechen, der ein gleichmütiges Verhalten an den Tag legt.

Der starke, ruhige Mensch wird immer geliebt und verehrt. Er ist wie ein schattenspendender Baum in einem verdorrten Land oder ein schützender Fels im Sturm. Wer liebt nicht ein ruhiges Herz, ein gutmütiges, ausgeglichenes Leben? Es spielt keine Rolle, ob es regnet oder die Sonne scheint oder welche Veränderungen sich bei denen ergeben, die diese Segnungen besitzen, denn sie sind immer freundlich, gelassen und ruhig. Dieser überaus ausgeglichene Charakterzug, den wir als Gelassenheit bezeichnen, ist die letzte Lektion, die es zu lernen gilt, die Frucht der Seele. Sie ist wertvoller als Weisheit, wünschenswerter als Gold – ja, sogar als pures Gold. Wie unbedeutend das bloße Streben nach Geld im Vergleich mit einem besonnenen Leben wirkt – eines Lebens, das im Ozean der Wahrhaftigkeit, unterhalb der Wogen, jenseits der Reichweite von Stürmen, in der Ewigen Gelassenheit ruht!

So viele Menschen kennen wir, die sich ihr Leben verbittern, die alles, was gut und schön ist, durch aufbrausende Gemüter ruinieren, die ihr inneres Gleichgewicht zerstören und böses Blut bewirken! Es stellt sich die Frage, ob die große Mehrheit der Menschen ihr Leben nicht deswegen ruiniert und ihr

Glück beeinträchtigt, weil es ihnen an Selbstbeherrschung mangelt.

Wie wenige Menschen, denen wir begegnen, sind ausgeglichen und haben jene edle Haltung, die für den gereiften Charakter charakteristisch ist!

Ja, die Menschen beben vor unkontrollierter Leidenschaft, sind fahrig vor unbeherrschter Trauer, werden von Angst und Zweifel hin und her geworden, und nur der Weise, nur der, dessen Gedanken kontrolliert und gereinigt sind, kann über die Winde und die Stürme der Seele gebieten.

Du sturmgepeitschte Seele, wo und in welchen Umständen du auch leben magst, wisse Folgendes: Im Ozean des Lebens lächeln die Inseln der Seligkeit, und das sonnige Ufer deines Ideals erwartet deine Ankunft. Behalte deine Hand fest auf dem Ruder des Denkens. In der Barke deiner Seele ruht der befehlende Meister; er schläft nur, so wecke ihn auf. Selbstbeherrschung ist Stärke; das richtige Denken ist Meisterschaft; Ruhe ist Macht. Sprich zu deinem Herzen: „Still, sei friedlich!"